NOTE

SUR UN

POINT DE L'ITINÉRAIRE DU PRINCE DE GALLES

(Grammont) Avant la bataille de Poitiers.

Au début de sa remarquable étude sur la bataille de Poitiers-Maupertuis, M. le colonel Babinet examine la marche du prince de Galles après le siège et la prise de Romorantin. Avec les modernes éditeurs de Froissart, MM. Kervyn de Lettenhove et Siméon Luce, il s'appuie principalement sur le texte d'un chroniqueur anglais connu sous le nom de moine de Malmesbury, et qui donne jour par jour l'itinéraire de l'armée anglaise. D'après ce document, le prince part de Romorantin le 5 septembre 1356 ; le 6, il couche dans un château sur le Cher, qu'on ne nomme pas, et le 7, il arrive à une localité que le moine appelle Aumonk-sur-Loire ; il y demeure quatre jours pour de là se rendre à Montbazon qu'il atteint le 11, après avoir traversé l'Indre.

Dans Aumonk-sur-Loire, MM. Kervyn de Lettenhove et Siméon Luce ont cru reconnaître Chaumont-sur-Loire, château situé sur la rive gauche du fleuve entre Blois et Amboise ; mais M. Babinet, s'appuyant de la haute autorité de M. Lecointre, veut y voir Grammont, château placé à deux kilomètres au sud de Tours, et je dois avouer qu'au premier abord, cette supposition paraît assez plausible.

Notre honorable et savant collègue combat par de fort bonnes raisons l'identification d'Aumonk-sur-Loire avec Chaumont et, sur ce point je suis tout à fait de son avis ; mais je me permets d'en différer en ce qui concerne le remplacement de Chaumont par Grammont, et voici les raisons qui me paraissent de nature à faire rejeter cette opinion.

Au XVIe siècle, la localité connue aujourd'hui sous le nom de Château-de-Grammont n'était pas un château et ne s'appelait pas Grammont; c'était un prieuré de l'ordre de Grandmont, qui se nommait Bois-Rahier. Ces deux faits ressortent avec la dernière évidence des documents originaux et authentiques que les archives d'Indre-et-Loire possèdent sur ce prieuré. Sa fondation, qui est due à Henri II, roi d'Angleterre, remonte au milieu du XIIe siècle. Or, dans les pièces des XIIe XIIIe et XIVe siècles que j'ai pu examiner et qui sont assez nombreuses, il est appelé *Prioratus de Bosco Raherii*, ou *Domus de Bosco Raherii*. A ce nom, les rédacteurs des chartes ajoutent fréquemment la mention suivante : *Grandi Montensis ordinis*, mais ce n'est là qu'un complément, et je ne rencontre qu'une seule fois : *Locus de Magno monte in nemore Raherii*.

Au XVe siècle, je trouve : Prieuré de Bois-Rayer-lez-Tours, de l'ordre de Grandmont.

Au XVIe, Notre-Dame-de-Bois-Rayer, ordre de Grandmont-lez-Tours.

Au XVIIe, même désignation; la même encore pendant le premier quart du XVIIIe. Ce n'est qu'en 1730 que je rencontre la mention : prieuré de Notre-Dame de Bois-Rayer, *vulgo* Grandmont; puis, en 1735, fief de Grandmont, et en 1755, prieuré de Grandmont-lez-Tours, dit Bois-Rayer. Ici, comme on voit, l'appellation nouvelle a pour ainsi dire dépossédé l'ancienne. Le nom de Bois-Rayer paraît encore de temps à autre jusqu'à l'époque de la Révolution, mais celui de Grandmont est de beaucoup le plus fréquent et a fini par triompher, je ne sais trop pourquoi, sous la forme un peu altérée de Grammont.

Ce lieu n'est devenu un château qu'après 1770, époque de la suppression du prieuré et de l'attribution des bâtiments et d'une partie des biens à l'archevêché de Tours; Mgr de Conzié, dernier archevêque avant la Révolution, y dépensa des sommes considérables, pour le transformer en une maison de plaisance.

Il est donc incontestable, d'après tous les documents, que jusqu'à la fin du premier tiers du xviii° siècle, cette localité a été appelée Bois-Rayer ou Rahier, du nom du propriétaire du bois où les religieux de Grandmont furent établis au xii° siècle. J'ajouterai que Grandmont, placé d'ailleurs sur le Cher et non sur la Loire, ne se trouve point à l'est de Tours, qui est le côté par lequel devait arriver le prince, mais bien au midi. C'eut été même un assez mauvais poste pour *tâter* Tours, comme le dit M. le colonel Babinet. Au milieu du xiv° siècle, cette ville ne s'étendait point, du côté du couchant, au delà de la place actuelle de l'Archevêché, et sa réunion à Châteauneuf, bâti autour de la basilique de Saint-Martin, ne fut effectuée qu'après la bataille de Poitiers. La levée qui met Grandmont en communication directe avec Tours n'existait même pas ; elle n'a été construite qu'au xviii° siècle, et la route conduisant de Tours à Montbazon passait auparavant à Saint-Avertin, plus en amont du Cher qu'elle franchissait sur une suite de ponts fort anciens, appelés les Ponts-de-César. Entre Grandmont et Tours coulaient non seulement le Cher, mais encore le Petit Cher et le ruisseau de l'Archevêque, sans compter plusieurs *boires* aujourd'hui comblées et disparues.

J'ai bien rencontré, il est vrai, à la porte de Tours, et même sur la Loire, un château de Chaumont (*calvus mons*) qui avait une importance féodale considérable et fut démoli au xviii° siècle. Il s'élevait dans le voisinage de l'église actuelle de Saint-Cyr-sur-Loire et appartenait, au xiv° siècle, à la puissante maison d'Amboise. Mais il se trouvait sur la rive droite de la Loire, et je ne vois pas comment le Prince Noir se serait rendu là, après la prise de Romorantin, et surtout comment il aurait pu, sans passer par le pont de Tours alors certainement occupé par les troupes du roi Jean, franchir le fleuve, pour se rendre d'une traite à Montbazon. Que si l'on me demandait où était situé Aumonk-sur-Loire, puisque je repousse ces diverses solutions, j'avouerais humblement que je l'ignore, que ce nom a peut-être été mal écrit ou dénaturé par le moine de Malmesbury chez lequel on peut relever de graves erreurs, ou qu'il s'agit d'une localité dont le souvenir est entièrement perdu.

D'ailleurs, quand on considère la difficulté qu'a eue parfois M. Thiers, malgré toutes les ressources écrites et même orales dont il disposait, pour établir avec certitude la marche de certains corps d'armée, on devient un peu sceptique, lorsqu'il s'agit de préciser des mouvements de troupes, exécutés sur des terrains qui ont entièrement changé d'aspect, et dont le souvenir nous a été transmis par des chroniqueurs écrivant souvent fort loin du théâtre des événements, et presque toujours absolument étrangers aux choses de la guerre.

CH. DE GRANDMAISON,
Archiviste d'Indre-et-Loire,
Membre non résidant du Comité des Travaux historiques
et de la Société des Antiquaires de l'Ouest.

NOTE

EN RÉPONSE A M. DE GRANDMAISON

Au sujet de l'assimilation d'Aumounk' super Leyr avec la localité actuellement appelée Grammont, château sur la rive gauche du Cher devant Tours, à environ 2 kilomètres au sud de cette ville.

Dans mon étude sur la bataille de Poitiers-Maupertuis, en tâchant de suivre sur la carte l'itinéraire du prince de Galles d'après le moine de Malmesbury, je lis, d'accord avec le savant M. Lecointre-Dupont, *Grammont* ou plutôt *Grandmont*, au lieu de *Aumounk' super Leyr*, alors que MM. Kervyn de Lettenhove et Siméon Luce avaient lu Chaumont-sur-Loire.

Or cette interprétation n'est pas acceptée par M. de Grandmaison, notre confrère, le savant archiviste de Tours, parce qu'en 1356, Grammont n'était pas un château, et qu'il résulte de nombreuses chartes qu'il ne s'appelait pas alors Grandmont, mais Bois-Rahier.

M. de Grandmaison paraît trouver plausibles les raisons qui nous ont fait rejeter Chaumont-sur-Loire et chercher Aumounk' sur la rive gauche du Cher, très près de Tours et plus près de Montbazon que Chaumont-sur-Loire.

Il semble donc que si nous arrivions à rendre vraisemblable qu'en 1356, Bois-Rahier s'appelait Grandmont, concurremment avec Bois-Rahier, nous aurions l'heureuse fortune d'avoir M. de Grandmaison de notre côté. Nous n'essaierons pas de prouver que c'était un château, le moine n'en parle pas et dit simplement : *Die Mercurii venit princeps ad Aumounk' super Leyr, juxta Tours in Turonia*, etc.

Bois-Rahier, le Grammont actuel, était un des plus importants prieurés de l'ordre de Grandmont. Cette maison, fondée de 1157 à 1172 par Henri II, roi d'Angleterre, avait tout particulièrement été l'objet des faveurs et des largesses des rois anglais, notamment de Richard Cœur-de-Lion, et dans les célèbres disputes entre les *fratres gallici* et les *fratres anglici* qui, à deux reprises notamment, ont mis l'ordre de Grandmont en danger de périr par le schisme, ce prieuré avait toujours été du parti anglais.

Nous croyons que Bois-Rahier, comme d'ailleurs toutes les maisons de l'ordre, portait dès sa fondation un double nom, celui de Grandmont et celui de Bois-Rahier ou Bois-Rayer (*Prioratus de bosco Raherii, ou de nemore Raherii*); le premier est en quelque sorte générique, le second emprunté à la localité où on l'avait fondé.

Cette hypothèse n'a rien de hasardé; nous lisons, en effet, ce qui suit dans l'ouvrage intitulé : « Destruction de l'ordre de Grandmont, » de M. Louis Guibert, à la page 726 (Paris, Champion, 1877);

« Tous les établissements de l'ordre furent, au moyen âge, désignés sous la désignation de Bonhomie, les Bons-Hommes, Grandmont, Notre-Dame-de-Grandmont ; — les églises de l'observance étaient toutes placées sous cette dernière invocation. — On donna plus particulièrement le nom de *Petit-Grandmont* aux Celles secondaires que la Bulle de 1317 annexa aux 40 maisons conventuelles conservées par Jean XXII. »

Dans les notices que M. Louis Guibert consacre aux *Monastères occupés par l'Ancienne Observance* à l'époque de la suppression de l'ordre (p. 726 à 908), nous comptons onze monastères qui, avec le temps, ont vu la désignation de Grandmont prendre le dessus sur la désignation du lieu où on les avait fondés. Ce sont, outre Grandmont-lès-Tours (Bois-Rahier) : Grandmont-lès-Beaumont-le-Roger (Beaumont) ; — Le Coudray de Grandmont (Le Moynel); — Grandmont-lès-Rouen (Le Parc-lès-Rouen) ; — Grandmont-lès-Chinon (Le Pommier-Aigre) ; — Grandmont-lès-Gaillon (Aubevoie) ; — Grandmont-Bellière (La Bellière); — Le Petit-Grandmont de Cahors (Cahors) ; — Grandmont-Châteigner (Châteignier) ; — Sainte-Marguerite de Grandmont ou le Petit-Grandmont de Montmorillon (Montmorillon) ; — La Sausaye de Grandmont ou Grandmont de Châteauroux (Sausaye, Sauzaie, etc.).

Pour que ces onze maisons aient fini par ne s'appeler que Grandmont, il semble qu'elles ont toujours dû porter un double nom, dont Grandmont.

Nous croyons être en droit de conclure que vraisemblablement Bois-Rahier, qui n'est devenu franchement Grandmont-lez-Tours dans les chartes qu'au XVIe siècle, ce que prouve M. de Grandmaison, s'est toujours appelé Grandmont concurremment avec Bois-Rahier.

S'il en est ainsi, *Aumounk' super Leyr* peut être le Grammont actuel. Cela nous paraît même très admissible.

Nous nous garderions bien d'être plus affirmatif, nous sommes trop ennemis des choses hasardées pour cela.

Nous ferons remarquer combien les Anglais devaient se trouver, je dirai chez eux, dans ce prieuré si riche, d'un ordre qui devait sa splendeur non moins aux rois d'Angleterre qu'aux papes et qui avait tenu pour l'Angleterre, lors des querelles de nationalité entre les *fratres gallici* et *anglici*. *Fecerunt homines principis pulchras dietas.*

En terminant, nous nous permettrons de remercier M. de Grandmaison et de son intéressante communication et de son appréciation bienveillante de notre travail. Il lui appartiendrait de nous éclairer tout à fait au sujet de l'itinéraire du prince de Galles entre Romorantin et Montbazon. Les Anglais ont-ils été de Romorantin à Saint-Aignan (36 kilom.) le premier jour, puis le lendemain de Saint-Aignan à Grammont (?) par Bléré, ce qui ferait 61 kilomètres pour cette étape. C'est ce que nous saurons s'il veut bien prendre la peine d'élucider les deux phrases suivantes du moine :

« *Die Lunæ sequenti venit princeps ad terram quæ fuit de dominio comitis de Bisser et Bargilloun.*

« *Die Martis venit princeps ad unum castrum de comitatu de Bloys, quod est super amnem de Cher.* »

Serait-ce abuser de sa complaisance que de prier notre savant confrère de se prononcer sur ces points que je n'ai pu étudier?

L. BABINET.

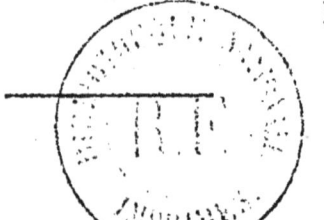

NOTE

Sur le lieu où le Prince Noir séjourna, près de Tours,
du 7 au 11 septembre 1356 (1).

Monsieur le colonel Babinet, tant dans la note de la page 107 de nos bulletins de 1883, que dans la lettre qui précède, a donné les principales raisons qui militent en faveur de l'identification de la localité nommée par le moine de Malmesbury *Aumounck' super Leyr* avec le prieuré de Grandmont, situé à quatre kilomètres environ de l'enceinte de la cité de Tours, sur le côteau qui domine le Cher, dont la vallée autour de la ville se confond avec celle de la Loire. Ces raisons cependant n'ont pas ébranlé les convictions du savant archiviste du département d'Indre-et-Loire, M. de Grandmaison, et puisque notre honoré vice-président m'a désigné comme le premier auteur de l'identification d'Aumonck et de Grandmont, il m'incombe de la défendre, au moyen de la connaissance personnelle que j'ai des lieux, contre celles des objections de M. de Grandmaison qui restent encore debout.

Notre savant contradicteur, en effet, ne saurait plus contester que le lieu où s'élevait le prieuré des Bons-Hommes Grandmontains fût désigné, dès le XIVᵉ siècle, sous le nom de Grandmont en même

---

(1) Cf Chronique de Jean Lebel, ch. 94. — Chronique du moine de Malmesbury, bulletin des Antiquaires de l'Ouest, 1883, p. 174. — Lettre de Barthélemy de Burghersh, t. XVIII, p. 386, de l'édition de Froissart de M. le baron Kervyn de Lettenhove.

temps que sous celui de Bois-Rayer, ni que le prieuré alors habité par des moines anglais d'origine ou de parti ne fût un lieu bien choisi pour ces belles fêtes (*pulchras dietas*) qu'y firent le prince de Galles et les chevaliers anglais et aquitains de sa suite; et par le mot *dietas*, il ne faut pas, je crois, entendre seulement des réunions publiques, dans le sens que nous appliquons aux diètes de l'ancien Empire germanique, il ne faut pas voir seulement de beaux festins, mais aussi de brillants exercices militaires, de belles apertises d'armes, comme stimulants à la bonne chère. C'est, en effet, ce que comprend le mot grec δίαιτα, « sub hac autem (*voce*) comprehen-
« duntur non tantum cibus et potio, verum etiam exercitatio,
« somnus, vigilia et cœtera quorum moderatus usus ad valetudi-
« nem confert », dit le savant Henri Estienne, dans son Trésor de la langue grecque. Ce que M. de Grandmaison ne peut admettre, c'est que, campé à Grandmont, le prince de Galles ait pu brûler des maisons de Tours, dont il était séparé par le Cher. La cité, dit-il, ne s'étendait pas, du côté de Grandmont, au delà de la place de l'Archevêché; elle avait une enceinte distincte de celle de la basilique de Saint-Martin au du Château-Neuf, située un peu plus en aval entre la Loire et le Cher, et dont ne parlent ni Froissart, ni le moine de Malmesbury. Le Prince de Galles et son armée devaient donc avoir pris position entre les deux rivières et non loin de la Loire, Super Leyr, au-dessus de la cité de Tours.

La noble et très belle cité de Tours, chez le moine de Malmesbury, doit s'entendre, je crois, de l'ensemble de la cité, du bourg de Saint-Martin et de leurs annexes, comme à la même époque, sous le nom de Poitiers, on comprenait aussi le bourg de Saint-Hilaire, dont il n'est fait aucune mention séparée dans les chroniques.

De Grandmont, le Prince de Galles dominait à la fois la cité et le Château-Neuf; il commandait les deux voies qui se dirigeaient, en traversant le Cher, l'une de la cité sur Saint-Avertin, l'autre du bourg de Saint-Martin sur Joué-lez-Tours.

Si le duc de Lancastre eût pu traverser la Loire en Anjou pour faire sa jonction avec le prince, les deux armées, qui avaient pour objectif cette jonction, n'auraient pas été séparées à Grandmont et par le Cher, et par la ville de Tours remplie des troupes du duc de Normandie qui n'attendaient, pour filer sur Poitiers, que le départ du prince de Galles avec lequel elles n'osaient pas s'engager, soit défiance de leurs forces, soit manque d'ordres supérieurs.

Campé à Grandmont, le prince de Galles put-il incendier des maisons dépendant de Tours? Oui, répondrai-je, comme il avait incendié les faubourgs de la ville de Bourges qui, pendant une longue paix, s'étaient formés en dehors de l'enceinte fortifiée. Les environs de Tours jouissaient aussi, depuis un siècle et demi, d'une tranquillité profonde. Comme à Bourges, on avait dû bâtir en dehors de la cité et du château-neuf; naturellement de nouvelles constructions avaient dû s'étendre le long des deux voies de Saint-Avertin et de Joué, et pu se prolonger même au delà des ponts du Cher. Elles pouvaient dès lors être d'autant plus facilement détruites par le feu, qu'elles étaient en bois, comme la presque totalité des maisons de l'époque.

D'ailleurs, le prince de Galles avait à son service une petite artillerie de siège (1), et c'était avec elle qu'il avait pu mettre, huit jours auparavant, le feu aux tours intérieures du château de Romorantin. De la rive gauche du Cher, il avait donc pu incendier des constructions établies sur la rive droite à une certaine distance.

Aux yeux d'un Français, ce ne peut être un honneur pour Grandmont d'avoir offert une plantureuse hospitalité au prince de Galles, à la fin de la campagne de dévastation, de pillage, de meurtres et d'incendies qu'il venait de faire à travers nos provinces, de Périgueux jusqu'à la Loire, et à la veille de cette bataille de Poitiers qui allait mettre le royaume de France à deux doigts de sa perte. Je voudrais, moi aussi, trouver un autre lieu qui pût revendiquer cette regrettable hospitalité. J'ai pensé à Montlouis (autrefois Montloué, *Laudatus mons*). Montlouis est près de la Loire, à 11 kilomètres de Tours. — *Laudatus mons* pouvait, mieux que *Calvus mons* et presque aussi bien qu'*Altus mons*, se transformer, sous la plume d'un Anglais, en *Aumonck*, si toutefois dans *Monck*, au lieu de *Mons*,

---

(1) Si ordonnèrent que par kanons on gettast et traisist en manière de feu grigois en le basse court, et que chils feux se poroit bien bouter ens ès couvertures des tours qui estoient couvertes d'estrain. Adent fu li feux aportés et trais par bombardes et kanons ens ès basses tours. — FROISSART, t. V, p. 389.

nous ne devons pas voir *Monachus, Monasterium*, ce qui nous ramène à Grandmont (1).

Mais de Montlouis, pour aller passer l'Indre de bon matin (bene mane), il fallait d'abord traverser le Cher, s'élever sur les hauteurs qui le dominent, et parcourir ensuite au moins dix-huit kilomètres pour arriver en face de Montbazon, tandis que huit kilomètres à peine, à vol d'oiseau, séparent Grandmont de ces bords marécageux de l'Indre qui rendirent le passage de cette rivière si dangereux pour l'armée anglo-gasconne. *Aquam periculosam valde*, dit le moine de Malmesbury.

Toutes ces raisons s'imposent malgré moi pour me faire reconnaître le prieuré de Grandmont dans l'*Aumonçk* du journal de la chevauchée du prince Noir; mais ce serait avec joie que je me rallierais à l'opinion contraire de M. de Grandmaison, le jour où il pourrait assigner, avec autant de probabilités, une autre localité à l'étape de l'armée du prince de Galles aux portes de Tours.

---

(1) La chronique de Jehan-le-Bel, ch. LXXXXIV, serait assez favorable à l'identification d'Aumonk avec Montlouis;

« Puis ardirent les Engles la ville de Romorantin et s'en vinrent parmi cellui pays qu'on clame Salongne par devers la rivière de Loyre; mais quant ils entendirent que le roy Jehan estoit à Bloys, si s'adresserent par devers Amboise, et le roy Jehan alla à l'encontre d'eulx par delà la rivière, et quant ils virent ce, ils s'en alerent par devers la cité de Tours..... Si ardirent aucunes maisons des fausbours et se mirent au retour par devers Poitou, toudis ardan et exillant. »

(Lecointre-Dupont)

(Extrait du BULLETIN DE LA SOCIÉTÉ DES ANTIQUAIRES DE L'OUEST, *du 3ᵉ trimestre 1884).*

www.ingramcontent.com/pod-product-compliance
Lightning Source LLC
Chambersburg PA
CBHW061612040426
42450CB00010B/2450